LE
FRANÇOIS
A LONDRES,
COMEDIE.

Par M^r DE BOISSY.

LE
RANÇOIS
A LONDRES,
COMEDIE.
Par Mr DE BOISSY.

A PARIS,

Chez les Freres B A R B O U , rue saint
Jacques, près la Fontaine Saint Benoît,
aux Cigognes.

M D C C X X V I I.

AVEC APPROBATION ET PRIVILEGE DU ROI.

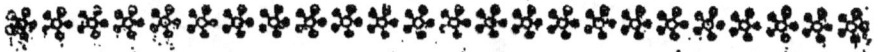

✻✻✻✻✻✻✻✻✻✻✻✻✻✻✻✻✻✻✻✻✻✻✻✻✻✻✻✻✻✻

ACTEURS.

LE MARQUIS DE POLINVILLE, ⎫
LE BARON DE POLINVILLE, ⎭ François.

ELIANTE, Veuve Angloise.

MILORD CRAFF, Pere d'Eliante.

MILORD HOUZEY, Fils de Milord Craff.

JACQUES ROSBIF, Negociant Anglois.

FINETTE, Servante Françoise.

La Scene est à Londres, dans un Hôtel Garni.

LE FRANÇOIS
A LONDRES,
COMEDIE.

❖❖❖❖❖❖❖❖❖❖❖❖❖❖❖❖❖❖❖❖❖❖❖❖

SCENE PREMIERE.

LE BARON DE POLINVILLE, LE MARQUIS DE POLINVILLE.

LE MARQUIS.

C E n'étoit pas la peine de me faire quitter Paris, le centre du beau Monde & de la Politesse ; & je me ferois bien passé de voir une Ville aussi triste & aussi mal élevée que Londres.

LE BARON.

Je t'excuse Marquis, tu en parlerois autrement, si tu avois eu le tems de la mieux connoître.

LE MARQUIS.

Non, Baron, je connois assez mon

A

Londres , quoique je n'y fois que depuis trois femaines : tiens , ce que les Anglois ont de mieux , c'eft qu'ils parlent François, encore ils l'eftropient.

LE BARON.

Et nous l'eftropions nous mêmes pour la plûpart , & fi nous ne parlons que nôtre Langue, leur converfation eft pleine de bon fens.

LE MARQUIS.

Leur converfation ? ils n'en ont point du tout. Ils font une heure fans parler , & n'ont autre chofe à vous dire que *Hovvd'yed'o*, comment vous portez vous. Cela fait un entretien bien amufant.

LE BARON.

Les Anglois ne font pas brillants , mais ils font profonds.

LE MARQUIS.

Veux tu que je te dife ? au lieu de paffer les trois quarts de leur vie dans un Caffé à politiquer & à lire des chiffons de Gazettes , ils feroient mieux de voir bonne Compagnie chez eux, d'apprendre à mieux recevoir les honnêtes gens qui leur rendent vifite , & à fentir un peu mieux ce que vaut un joly homme.

LE BARON.

Sçais tu bien , Marquis, puifque tu m'obliges à te parler férieufement, qu'il ne faut que trois ou quatre têtes folles comme la tienne ; pour achever de nous décrier dans un Pays où nôtre réputation de fageffe n'eft pas trop bien établie , & que tu as déja donné deux ou trois Scenes qui t'ont fait connoître de toute la Ville.

LE MARQUIS.

Tant mieux les Gens de mérite ne perdent rien à être connus.

LE BARON.

Ouy , mais le malheur eft que tu n'es pas icy connu en beau, on t'y tourne partout en ridicule , on dit que tu es un Gentilhomme François fi zelé pour la politeffe de ton pays , que tu es venu exprès à Londres pour l'y enfeigner publiquement , & pour apprendre à vivre à toute l'Angleterre.

LE MARQUIS.

Elle en auroit grand befoin , & j'en ferois très-capable.

LE BARON.

Mais fçais tu mon petit parent que l'amour aveugle que tu as pour les manieres françoifes te fait extravaguer , qu'aulieu de vouloir affujettir à ta façon de vivre une Nation chez qui tu es , c'eft à toi à te conformer à la fienne , & que fans la fage Police qui regne dans Londres , tu te ferois déja fait vingt affaires pour une.

LE MARQUIS.

Mais fçais tu , mon grand Coufin , que trois ans de féjour que tu as fait à Londres , t'ont furieufement gâté le goût , & que tu y as même pris un peu de cet air étranger qu'ont tous les habitans de cette ville.

LE BARON.

Les Habitans de cette Ville ont l'air étranger , que Diable veux tu dire par là ?

LE MARQUIS.

Je veux dire qu'ils n'ont pas l'air qu'il faut avoir , cet air libre , ouvert , empreffé , prevenant , gracieux , l'air par excellence ; en un mot l'air que nous avons nous autres François.

LE BARON.

Il eft vrai , Meffieurs les Anglois ont tort

d'avoir l'air Anglois chez eux , ils devroient avoir à Londres l'air que nous avons à Paris.

LE MARQUIS.

Ne crois pas rire , comme il n'y a qu'un bon goût, il n'y a auſſi qu'un bon air, & c'eſt ſans contredit le nôtre.

LE BARON.

C'eſt ce qu'ils te diſputeront.

LE MARQUIS

Et moy je leur ſoutiens qu'un homme qui n'a pas l'air que nous avons en France , eſt un homme qui fait tout de mauvaiſe grace , qui ne ſçait ni marcher , ni s'aſſeoir , ni ſe le-.ver, ni touſſer, ni cracher, ni éternuer, ni ſe moucher, qu'il eſt par conſéquent un homme ſans manieres , qu'un homme ſans manieres n'eſt preſentable nulle part , & que c'eſt un homme à jetter par les fenêtres qu'un hom-me ſans manieres.

LE BARON.

Oh, M. le Marquis des manieres, ſi vous trouviez à les troquer contre un peu de bon ſens, je vous conſeillerois de vous défaire d'une partie de ces manieres.

LE MARQUIS.

C'eſt pourtant à ces manieres dont tu me

fais tant la guerre, que j'ai l'obligation d'une conquête, mais d'une conquête brillante.

LE BARON.

Voilà encore la maladie de nos François qui voyagent. Ils font fi prévenus de leur prétendu merite auprès des femmes, qu'ils croyent que rien ne refiste au brillant de leurs airs, aux charmes de leur perfonne, & qu'ils n'ont qu'à fe montrer pour charmer toutes les belles d'une contrée ; un regard jetté par hazard fur eux, une politeffe faite fans deffein, leur eft un fûr garant d'une victoire parfaite. Ils s'érigent en petits conquerans des cœurs, & de l'air dont ils quittent la France, ils femblent moins partir pour un voyage, qu'aller en bonne fortune. Mais Marquis....

LE MARQUIS.

Mais, Baron éternel, ce n'eft pas fur un regard équivoque, fur une fimple civilité que je fuis affuré qu'on m'aime. C'eft parce que l'on me l'a dit à moi-même, parlant à ma perfonne.

LE BARON.

Eh, peut-on fçavoir quel eft ce rare objet?

LE MARQUIS.

C'eft une jeune veuve de Cantorbery, fille

d'un Milord, belle, riche, qui eſt à Londres pour affaire. Le hazard m'a procuré ſa connoiſſance, & je ſuis venu exprès loger dans cet hôtel garni, où elle demeure depuis huit jours qu'elle a changé de quartier.

LE BARON.

On la nomme?

LE MARQUIS.

Eliante.

LE BARON.

Eliante! Je la connois, je l'ai vûe pluſieurs fois chez Clorinde une de ſes amies. C'eſt une Dame du premier merite.

LE MARQUIS.

Mais tu m'en parle d'un ton à me faire croire qu'elle ne t'eſt pas indifferente.

LE BARON.

Il eſt vray, je ne le cache point, c'eſt de toutes les femmes que j'ai vûes, celle dont je rechercherois la poſſeſſion avec le plus d'ardeur, & je t'avoueray franchement que s'il dépendoit de moy, il n'eſt rien que je ne fiſſe pour te ſupplanter.

LE MARQUIS *éclatant de rire.*

Toy, me ſupplanter, moy?

LE BARON.

Oüi toy même, j'aurois cette audace.

LE MARQUIS.

Je voudrois voir cela, mais dis moy, mon très cher Coufin, fçait elle les fentimens que tu as pour elle.

LE BARON.

Je crois qu'elle les ignore.

LE MARQUIS.

Tu me fais pitié, mon pauvre garçon, & fi tu veux, je me charge de les lui apprendre pour toy.

LE BARON.

Tu es trop obligeant, je prendrai bien cette peine là moi - même, & je n'attens que l'occafion....

LE MARQUIS.

Oh, parbleu, je veux te la procurer, & fans aller plus loin, voici Eliante elle - même qui vient fort à propos pour cela.

SCENE II.

LE BARON. LE MARQUIS. ELIANTE.

LE MARQUIS à *Eliante*.

MAdame vous voulez bien que je vous preſente ce Gentilhomme François, il eſt mon Parent & mon Rival tout enſemble, il vous a vû chez Clorinde, vous avez fait ſa conquête ſans le ſçavoir, il cherche l'occaſion de vous le déclarer, elle s'offre, je la lui procure.

ELIANTE.

En verité, Marquis....

LE MARQUIS.

Sous un air timide & diſcret, c'eſt un garçon dangereux, je vous en avertis. Il veut me ſupplanter, Madame, il veut me ſupplanter.

ELIANTE.

Briſons là, c'eſt pouſſer trop loin la plaiſanterie.

LE BARON.

Madame, la plaiſanterie ne tombe que ſur moy, je la mérite, le Marquis en badinant n'a dit que la verité. Pardonnez un tranſport dont je n'ai pas été le maître , je n'ai pû m'empê-cher de lui avoüer que je n'avois jamais rien vû de ſi adorable que vous ; & de lui témoi-gner une ſurpriſe mêlée de dépit, ſur ce qu'il vient de me dire qu'il avoit le bonheur d'être aimé de vous.

ELIANTE *au Marquis.*

Quoi, Monſieur , vous êtes capable. . . .

LE MARQUIS.

Eh , Madame, quel mal y a t'il a cela ? Vous êtes femme de condition , je ſuis homme de qualité ; vous êtes riche , j'ai du bien ; vous êtes veuve, je ſuis garçon ; vous avez dix-neuf ans , j'en ay vingt-quatre ; vous êtes belle , je ſuis aimable ; nous ſommes faits l'un pour l'autre , nous nous aimons tous deux, à quoy bon le cacher ?

ELIANTE.

Mais je ne vous aime pas , Monſieur , & quand cela ſeroit, je veux qu'on ait de la diſ-cretion , j'aime le myſtere.

LE MARQUIS.

Le myſtere , Madame , ah fy le mauvais ragoût.

ELIANTE.

Oüi, en France où l'on n'aime que par air, où l'on n'aspire à être aimé que pour avoir la vanité de le dire, où l'amour n'est qu'un simple badinage, qu'une tromperie continuelle, & où celui qui trompe le mieux passe toujours pour le plus habile. Mais ce n'est pas icy de même, nous sommes de meilleure foy, nous n'aimons uniquement que pour avoir le plaisir d'aimer, nous nous en faisons une affaire sérieuse, & la tendresse parmi nous, est un commerce de sentimens, & non pas un trafic de paroles.

LE MARQUIS.

Mais il faut toûjours avoir quelqu'un à qui l'on puisse conter ses amours, & dans le Roman le plus exact il n'y a point de heros qui n'ait son confident. J'ai pris le Baron pour le mien, il est garçon discret, & je suis dans la regle.

LE BARON

J'aurai de la discretion par rapport à Madame; car pour toi, rien ne m'oblige à garder le secret. C'est un aveu que tu m'as fait par vanité, & non pas une confidence.

ELIANTE *au Marquis.*

Je vous trouve admirable & ....

LE MARQUIS.

Baron, prens congé de Madame, tu n'as pas l'esprit de t'appercevoir que tu l'ennuyes, tu lui dis des choses desagréables, tu la gênes, tu es ici de trop.

ELIANTE.

Si quelqu'un est ici de trop, ce n'est pas Monsieur.

LE MARQUIS.

Ah ! je vois pour le coup que vous êtes piquée. Pour vous punir, je vous laisse avec lui. Qu'il vous entretienne, Madame, qu'il vous entretienne, je n'y perdrai rien, vous m'en goûterez mieux tantôt. *Il sort.*

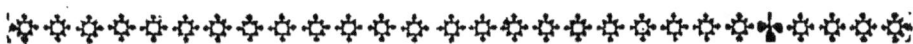

❋❋❋❋❋❋❋❋❋❋❋❋❋❋❋❋❋❋❋❋❋❋❋❋❋❋❋❋

SCENE III.
LE BARON. ELIANTE.

ELIANTE.

Voilà ce qu'on appelle un François.

LE BARON.

Daignez, Madame, ne pas les confondre tous avec lui, & soyez persuadée qu'il en est...

ELIANTE.

Je le sçais, Monsieur, jene suis pas assez injuste ni assez déraisonnable pour ne pas sentir la difference qu'il y a entre vous & lui, & pour ne pas vous accorder toute l'estime que vous meritez.

LE BARON.

Oui, vous m'estimez Madame, & vous aimez le Marquis.

ELIANTE *agitée.*

Moi j'aime le Marquis, qui vous l'a dit, Monsieur?

LE BARON.

Votre émotion, l'air même dont vous vous en défendez.

ELIANTE.

Non, je le méprise trop pour l'aimer.

LE BARON.

Je m'y connois, Madame, un pareil mépris n'est qu'un amour déguisé. Vous l'aimez d'autant plus, que vous êtes fâchée de l'aimer.

ELIANTE.

Eh! que diriez vous fi j'en époufois un autre?

LE BARON.

Un autre! que je ferois heureux fi ce choix
pouvoit me regarder. Vous ne fçauriez vous
venger plus noblement du Marquis, ni faire
en même tems le bonheur d'un homme dont
vous foyez plus tendrement aimée.

ELIANTE.

M. le Baron....

LE BARON.

Sans me faire valoir, je poffede un bien
affez confiderable, je fors d'une Maifon affez illuftre, & j'ai pour vous des fentimens
diftinguez.

ELIANTE.

Monfieur, la chofe eft affez ferieufe pour
meriter une mûre reflexion. Je vous demande du tems pour y penfer.

LE BARON.

Adieu, Madame, je vous laiffe, l'amour
vous parle pour le Marquis. Vous l'aimez
toûjours, c'eft le feul défaut que je vous con-
noiffe, & je crains bien que vous ne vous en
corrigiez pas fitôt. *Il s'en va.*

✿✿✿✿✿✿✿✿✿✿✿✿✿✿✿✿✿ ✿✿✿✿✿✿✿✿✿✿✿✿✿✿✿✿✿

SCENE IV.

ELIANTE *seule*.

OH, je m'en corrigerai, je m'en corrigerai. Je suis femme, & j'ai pû me laisser
éblouïr par les graces & par le faux brillant
d'un merite superficiel; mais je suis Angloise
en même tems, par consequent capable de
me servir de toute ma raison. Si le Marquis
continue....

✿✿✿✿✿✿✿✿✿✿✿✿✿✿✿✿✿ ✿✿✿✿✿✿✿✿✿✿✿✿✿✿✿✿✿

SCENE V.

ELIANTE. FINETTE.

FINETTE.

Madame, voilà une lettre qu'on a oublié de vous remettre hier au soir.

ELIANTE.

Voyons, c'est mon pere qui m'écrit. Je re-
connois l'écriture. *Elle lit.*

Je pars en même tems que ma lettre, & je
serai demain à Londres sans faute. On m'a
écrit que votre Frere hantoit mauvaise compagnie, & qu'il venoit de faire tout nouvellement connoissance avec un certain Marquis François qui acheve de le gâter. Comme je ne puis être à Londres que trois jours,

& que je dois delà partir pour la Jamaïque, j'ai refolu de l'emmener & de vous marier avant mon départ avec Jacques Rofbif. C'eſt un riche négociant, fort honnête homme, & qui n'eſt pas moins raifonnable pour être un peu fingulier. Votre extrême jeuneſſe ne vous permet pas de reſter veuve, & je compte que vous n'aurez pas de peine à vous conformer aux volontez d'un pere qui ne cherche que votre avantage, & qui vous aime tendrement.

MILORD CRAFF.

FINETTE.

Monfieur votre pere arrive aujourd'hui pour vous marier avec Jacques Rofbif? Mifericorde, c'eſt bien l'Anglois le plus difgracieux, le plus taciturne, le plus biſarre, le plus impoli que je connoiſſe.

ELIANTE.

Ah! Finette, quelle nouvelle! mon cœur eſt agité de divers mouvemens que je ne puis accorder. J'aime le Marquis, & je dois peu l'eſtimer. J'eſtime le Baron, & je voudrois l'aimer. Je hais Rofbif, & il faut que je l'épouſe, puiſque mon pere le veut.

FINETTE.

Mais, Madame, n'êtes-vous pas veuve, par conféquent maîtreſſe de vous-même?

ELIANTE.

ELIANTE.

Ma grande jeuneſſe, la tendreſſe que mon pere m'a toûjours témoignée, le bien même que je dois en attendre, ne me permettent pas de me ſouſtraire à ſon obéiſſance.

FINETTE.

Quoi! vous pourrez, Madame, vous ré-ſoudre à épouſer encore un homme de votre nation, après ce que vous avez ſouffert avec votre premier mari? Avez-vous ſi-tôt oublié la triſte vie que vous avez menée, pendant deux ans que vous avez vécu enſemble? toû-jours ſombre, toûjours bruſque, il ne vous a jamais dit une douceur, ſe levant le matin de mauvaiſe humeur pour rentrer le ſoir yvre; vous laiſſant ſeule toute la journée, ou reduite à la paſſer triſtement avec d'autres fem-mes auſſi malheureuſes que vous, à faire des nœuds, à tourner votre roüet pour tout amu-ſement, & à joüer de l'éventail pour toute converſation. Mort de ma vie, je ne permet-trai pas que vous faſſiez un pareil mariage, ou vous me donnerez mon congé tout-à-l'heure.

ELIANTE.

Que veux-tu que je faſſe?

B

FINETTE.

Que vous ayez le courage de vous rendre
heureuſe , & que vous épouſiez un homme
de mon pays , un François ; conſiderez, Madame , que c'eſt la meilleure pâte de maris
qu'il y ait au monde ; qu'ils doivent ſervir de
modele aux autres nations, & qu'un François
a cent fois plus de politeſſe & de complaiſan-
ce pour ſa femme, qu'un Anglois n'en a pour
ſa maîtreſſe. Une belle Dame comme vous
ſeroit adorée de ſon mari en France , il ne
croiroit pas pouvoir faire un meilleur uſage
de ſon bien , que de l'employer à ſe ruiner
pour vous. Il n'auroit pas de plus grand plaiſir que de vous voir brillante & parée, attirer
tous les regards , aſſujettir tous les cœurs :
le premier appartement, le meilleur caroſſe,
& les plus beaux laquais ſeroient pour Madame: vous verriez ſans ceſſe une foule d'ado-
rateurs empreſſez à vous plaire , ingenieux à
vous amuſer, étudier vos goûts, prévenir vos
deſirs, s'épuiſer en fêtes galantes , vous promener de plaiſirs en plaiſirs , ſans que votre
époux oſât y trouver à redire , de peur d'être
ſifflé de tous les honnêtes gens.

ELIANTE.

Mais, Finette, comment faut-il m'y prendre pour déterminer mon pere...

FINETTE.

Il faut lui parler avec la noble fermeté qui convient à une veuve, fans fortir du refpect que doit une fille à fon pere, il faut lui repréfenter que les maris de ce pays-ci ne font pas faits pour rendre une femme heureufe, que vous en avez déja fait la dure experience, & qu'il s'offre un parti plus avantageux & plus conforme à votre inclination. Un Marquis François, jeune, riche, bien fait.

ELIANTE.

Mon pere n'y confentira jamais, il eft déja prévenu contre lui, comme tu l'as vû par fa lettre, car c'eft fûrement de lui dont on lui aura parlé.

FINETTE.

Milord Craff votre pere eft un homme fenfé, il ne fera pas difficile de lui faire entendre raifon.

ELIANTE.

Moi-même j'ai lieu de n'être pas contente du Marquis, fon indifcretion & fon étourderie....

FINETTE.

Bon, bon, il faut lui paffer quelque chofe en faveur de la jeuneffe & des graces. Mais voici Milord Houfey votre frere, c'eft du fruit nouveau.

✤✤✤✤✤✤✤✤✤✤✤✤✤✤✤✤✤✤✤✤✤✤✤✤✤✤

SCENE VI.

MILORD HOUZEY, ELIANTE, FINETTE.

MILORD HOUZEY.

EH! bon jour, ma petite sœur.

ELIANTE.

Bon jour, mon frere, tu te rends bien rare depuis quelque tems.

MILORD HOUZEY.

Que veux-tu ? tu as changé de quartier, & je ne sçai que d'aujourd'hui ta nouvelle demeure ; d'ailleurs depuis que je ne t'ai vûë, j'ai été entraîné par une chaîne de plaisirs, & j'ai fait connoissance avec un jeune Seigneur François, qu'on appelle le Marquis de Polinville. C'est bien le garçon le plus aimable, le plus gracieux... tiens, moi qui brille sans vanité parmi tout ce qu'il y a de beau à Londres, je ne suis qu'un Maussade auprès de lui, & je ne compte sçavoir vivre que du jour que je le connois. Ah ! qu'il m'a appris de choses en cinq ou six conversations, & que je me suis façonné avec lui en quatre jours de tems, cela n'eſt pas concevable, & tu dois me trouver bien changé.

ELIANTE.

Cela eſt vrai, je te trouve beaucoup plus ridicule qu'à l'ordinaire.

FINETTE.

Allez, ne la croyez pas, je ne vous ai jamais vû ſi gentil.

MILORD HOUZEY.

J'étois ſot, timide, embaraſſé, quand je me trouvois avec des Dames, je ne ſçavois que leur dire ; mais à preſent ce n'eſt plus cela. Si tu me voyois dans un cercle de femmes, tu ſerois étonnée, ma petite ſœur. Je ſuis ſemillant, je badine, je folâtre, je papillonne, je voltige de l'une à l'autre, je les amuſe toutes. Je parois poli, reſpectueux en public ; mais je ſuis hardi, entreprenant tête à tête. Rien ne plaît plus au beau ſexe qu'une noble aſſurance.

ELIANTE.

Tu te gâtes, mon frere, & tu deviens libertin.

FINETTE.

Une petite pointe de libertinage ne méfied point à un jeune homme, & rien ne le polit plus que le commerce des femmes.

MILORD HOUZEY.

Finette a raifon, c'eft elle qui ma donné la premiere leçon de politeffe : je ne l'oublierai pas. Elle eft modefte, mes loüanges la font rougir.

Ma foi vive les femmes, elles font l'ame de tous les plaifirs ; par exemple, à table rien n'eft plus charmant qu'une jolie femme en pointe de vin, qui chante un air à boire, ou qui s'attendrit le verre à la main. Nous autres Anglois nous n'entendons pas nos interêts, quand nous vous baniffons de nos parties. Nous ne buvons que pour boire, & nous portons la trifteffe jufqu'au fein de la joye. Il n'eft que les François pour faire agreablement la débauche. J'ai fait avanthier avec le Marquis le plus delicieux foûper au Lion rouge, le tout accommodé par un Cuifinier François, & fervi à petits plats, mais delicats, nous étions en femmes. Tiens ma petite fœur, je n'ai jamais eu tant de plaifir en ma vie. Que d'efprit ! que d'enjoüement ! que de volupté ! que nous fifmes... que nous difmes de jolies chofes. je t'y fouhaitay plus d'une fois, tant je fuis bon frere.

ELIANTE.

Le Marquis François eſt un fort bon maître. Il vous inſtruit bien, à ce que je vois.

MILORD HOUZEY.

Je veux te le faire connoître. Il ne ſera
pas mal aiſé , car je viens d'apprendre qu'il
loge dans ce même Hôtel. Je lui ay deja
parlé de toy , ſans te nommer pourtant. Il
me vient une idée. Je lui dois donner à
ſoûper ce ſoir au Lion rouge. Tout eſt déja
commandé pour cela. Il faut que tu ſois des
nôtres , & Finette auſſi.

FINETTE *faiſant la reverence.*

Vous me faites trop d'honneur , Monſieur.

ELIANTE.

Je le veux bien, mais à condition que mon
Pere qui arrive aujourd'hui , ſera auſſi de la
partie.

MILORD HOUZEY.

Mon Pere arrive aujourd'hui?

ELIANTE.

Oui, aujourd'hui même ; & vos fredaines,
dont il eſt informé, ſont en partie cauſe de
ſon voyage.

MILORD HOUZEY.

Il vient bien mal à propos. Que ces pe-
res font incommodes ! voila notre partie dé-
rangée. Adieu, ma sœur, je vais contreman-
der le soûper, & déprier nos gens.

SCENE VII.

ELIANTE, FINETTE.

FINETTE.

VOtre frere se forme, Madame.

ELIANTE.

Il se gâte plûtôt, & le voilà enrollé dans
la cotterie de nos beaux d'Angleterre ; en-
geance ici d'autant plus insupportable qu'elle a
tous les vices de vos petits maîtres de France,
sans en avoir les graces. Mais quelqu'un
vient. Ah ! c'est ce vilain Rosbif. Depuis
qu'on en veut faire mon mari, je le trouve
encore plus desagreable.

FINETTE.

Cela est naturel. Allez, rentrez, Madame.
Laissez-moi le soin de recevoir sa visite pour
vous. Je vais le congedier à la Françoise.

Eliante rentre.

SCENE VIII.

JACQUES ROSBIF, FINETTE.

J. ROSBIF *à Finette, qui lui fait plusieurs reverences.*

Finissez avec toutes vos reverences qui ne menent à rien.

FINETTE.

Vous êtes naturellement si civil & si honnête à l'égard des autres, qu'on ne se lasse pas de l'être envers vous.

ROSBIF.

Verbiage encore inutile. Venons au fait. Où est Eliante?

FINETTE.

Elle n'est pas visible.

ROSBIF.

Elle doit l'être pour son prétendu.

FINETTE *éclatant de rire.*

Vous son prétendu ah, ah, ah,

ROSBIF.

Oui, moi-même ; qu'eft-ce qu'il y a là de
fi plaifant ?

FINETTE.

Je vous demande pardon, Monfieur, mais
votre figure eft fi extraordinaire, que je ne
puis m'empêcher d'en rire.

ROSBIF.

Vous êtes une impudente avec toute
votre politeffe.

FINETTE.

Mais, Monfieur....

ROSBIF.

Je m'appelle Jacques Rosbif, & non pas
Monfieur. Je vous ai dit cent fois, ma mie,
que ce nom-là maffligeoit les oreilles. Il y a
tant de faquins qui le portent.....

FINETTE.

Eh bien, Jacques Rosbif, puifque Jacques
Rosbif y a, regardez-vous dans votre miroir
& rendez-vous juftice, il vous dira que vous
n'êtes ni affez bien mis, pour être prefenté
à la fille d'un Milord, ni affez aimable pour

être son mari. Je veux vous faire voir un jeune Marquis de chez moi , qui loge dans cet Hôtel. C'est là ce qui s'appelle un joli homme , & si ce n'est encore rien en comparaison de nos jeunes Seigneurs de la Cour.

ROSBIF.

Je gage que c'est cet original de Marquis de Polinville. Je ne serai pas fâché de le voir. On m'en a fait un portrait si ridicule.....

FINETTE.

Parlez avec plus de respect d'un François, & sur-tout d'un François homme de qualité.

ROSBIF.

Qu'est-ce qu'elle vient me chanter avec son homme de qualité. Je me moque moi d'une noblesse imaginaire, les vrais Gentilshommes ce sont les honnetes gens , il n'y a que le vice de roturier.

FINETTE.

C'est là le discours d'un Marchand qui voudroit trancher du Philosophe. Mais je vois entrer Monsieur le Marquis lui-même. Vous allez trouver à qui parler.

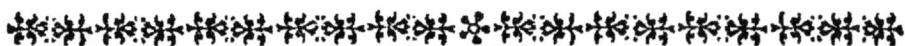

SCENE IX.

LE MARQUIS, ROSBIF, FINETTE.

FINETTE *au Marquis.*

MOnfieur le Marquis, voilà un homme que je vous donne à decraſſer. Il en a grand beſoin, je vous le recommande : ſon nom eſt Jacques Rosbif, ne l'oubliez pas.

Elle ſort.

SCENE X.

LE MARQUIS, ROSBIF.

LE MARQUIS *à part.*

ELle a raiſon, cet homme n'a pas l'air avantageux, n'importe, faiſons-lui politeſſe, ne nous démentons point. *A Rosbif* Monſieur, peut-on vous demander qui eſt-ce qui me procure de votre part l'honneur d'une attention ſi particuliere.

ROSBIF.

La curioſité.

LE MARQUIS.

Mais encore ne puis-je fçavoir à quoi je vous fuis bon?

ROSBIF.

A me dire au vrai fi vous êtes le Marquis de Polinville.

LE MARQUIS.

Oui, c'eft moi-même.

ROSBIF.

Cela étant, je m'en vais m'affeoir pour vous voir plus à mon aife. *Il fe met dans un fauteuil.*

LE MARQUIS.

Vous êtes fans façon, Monfieur, à ce qu'il me paroît.

ROSBIF, *d'un ton phlegmatique.*

Allons, courage, donnez-vous des airs, ayez des façons, dites-nous de jolies chofes. Je vous regarde, je vous écoute.

LE MARQUIS.

Comment, Jacques Rosbif mon ami, vous raillez, je penfe, vous tirez fur moi. Tant mieux morbleu, tant mieux. J'aime les gens

qui montrent de l'esprit , & même à mes dépens. Je vois que vous êtes venu ici pour
faire affaut d'esprit avec moi. Touchez là.
C'est me prier d'une partie de plaisir. Mais
prenez garde à vous , je suis un rude joüeur,
je vous en avertis, j'en ai desarçonné de plus
fermes que vous. Quand ma cervelle est une
fois échauffée, vous diriez d'un feu d'artifice.
Ce ne font que fusées , ce ne font que petards,
bz, pif, paf, pauf, un coup n'attend pas l'autre. Eh quoi ! vous avez déja peur, vous avez
perdu la parole. Allons, du cœur, défendez-
vous , rispostez-moi donc. Je n'aime pas la
gloire aifée , vous debutez par un coup de
feu, & vous en demeurez là. Vous ne répon-
dez rien. Là, avoüez du moins votre défaite.
Hem , plait-il ? J'enrage , pas le mot ; hola,
hey, Jacques Rosbif, vous dormez, reveillez-
vous ; oh parbleu, voilà un animal bien taciturne, je crois qu'il le fait exprès pour m'im-
patienter , mais je n'en ferai pas la duppe.
Je vais suivre son exemple , & faire une conversation à l'Angloise.

*Il va s'asseoir vis-à-vis Rosbif , le regarde
long-tems fans rien dire ; ensuite il inter-
rompt fon filence de trois ou quatre hou-
d'yed'o qu'il lui adresse en le faluant.*

Si quelqu'un s'avisoit d'écouter aux portes , il

seroit bien attrapé. C'est donc là, Monsieur, tout ce que vous avez à me dire. En verité il faut avouer que votre conversation est bien agreable, & qu'il y a beaucoup à profiter avec vous. Où prenez-vous toutes les belles choses que vous dites? Il vous échappe des traits, mais des traits dignes d'être imprimez. A votre place j'aurois toûjours à mes côtés un homme qui écriroit toutes mes reparties. Cela feroit un beau livre au moins.

R O S B I F *se levant brusquement.*

Il n'ennuyeroit pas le Public. Il vaut mieux se taire que de dire des fadaises, & se retirer que d'en écouter. Adieu, je vous ai donné le tems de déployer toute votre impertinence, & j'ai voulu voir si vous êtiez aussi ridicule qu'on me l'avoit dit. Il faut vous rendre justice, vous passez votre renommée. Vous avez tort de vous laisser voir pour rien. Vous êtes un fort joli bouffon, & vous valez bien trois schelins. *il sort.*

S C E N E XI.

L E M A R Q U I S *seul.*

J'Apprendrois à parler à ce brutal-là, s'il portoit une épée.

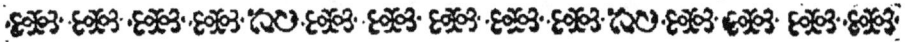

SCENE XII.

LE MARQUIS, ELIANTE, FINETTE.

FINETTE.

EH bien, Monsieur, avez-vous dégourdi notre homme?

LE MARQUIS.

Va te promener, tu viens de me mettre aux prises avec le plus grand cheval de caroße, l'animal le plus sot....

ELIANTE.

Donnez, s'il vous plaît, d'autres épithetes à un homme qui doit être mon époux.

LE MARQUIS.

Lui, votre Epoux, Madame? Ah, ſi je l'avois ſçû, il ſeroit ſorti avec deux oreilles de moins. Mais vous voulez badiner, & ce perſonnage-là....

ELIANTE.

Je ne badine point du tout. Mon Pere vient exprès pour ce mariage.

LE

Et vous y confentirez.

ELIANTE.

Je n'y aurois peut-être pas confenti , fi
vous aviez été plus raifonnable , mais votre
indifcretion , & vos airs éventez.....

FINETTE.

Oh, ne querellons point, nous n'en avons
pas le tems. Ne fongeons qu'à nous bien
entendre tous trois pour donner l'exclufion à
Jacques Rosbif. Commencez, Madame, par
tout oublier.

ELIANTE.

Soit , je fuis bonne , je veux bien lui par-
donner encore cette fois-ci. Mais ce fera
là derniere , & à condition qu'il fera plus dif-
cret & plus retenu à l'avenir. Mon Pere arrive inceffament, ainfi , Monfieur , moderez
cette vivacité Françoife , quand vous le ver-
rez. Sur-tout point d'airs & fort peu de manieres.

LE MARQUIS *avec affectation.*

Je vous protefte , je vous jure , Madame ,
C

que je ferai deformais le plus fimple , le plus uni de tous les hommes.

ELIANTE.

Fort bien. En me difant que vous ferez le plus fimple, le plus uni de tous les hommes, vous êtes tout le contraire. Vous donnez des coups de tête , vous gefticulez , vous parlez d'un ton & d'un air.....

FINETTE.

Eh , Madame , voulez-vous que Monfieur le Marquis ait l'air d'un Caton à fon âge.

LE MARQUIS.

Non, elle veut que j'aye l'air de Monfieur Jacques Rosbif fon prétendu.

ELIANTE.

Monfieur, je veux que vous ayez l'air raifonnable , & que vous preniez Monfieur le Baron pour modéle.

LE MARQUIS.

Moi, je ne copie perfonne, Madame, je me pique d'être original.

ELIANTE.

On le voit bien. Mais fouvenez-vous toûjours que je ne vous pardonne qu'à condition que vous changerez d'air & de conduite, & sur-tout que vous ne ferez plus de soûper au Lion rouge. Adieu, je vous laisse. Finette & moi, nous allons au-devant de mon Pere.

elle sort avec Finette.

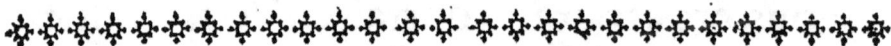

✿✿✿✿✿✿✿✿✿✿✿✿✿✿✿✿✿✿✿✿✿✿✿✿✿

SCENE XIII.

LE MARQUIS *seul.*

Elle me parle du Lion rouge. Qui diantre a pû l'informer du soûper que j'y ai fait. Je suis encore prié pour ce soir. Mais voici le petit Milord Houzey ; c'est justement notre Amphytrion, je vais me dégager.

✿✿✿✿✿✿✿✿✿✿✿✿✿✿✿ ✿✿✿✿✿✿✿✿✿✿✿✿✿✿

SCENE XIV.

LE MARQUIS, MILORD HOUZEY.

MILORD HOUZEY.

Monsieur le Marquis j'ai un vrai chagrin de ne pouvoir pas vous donner à soûper ce soir, mon Pere arrive aujourd'hui, & je viens pour vous prier de remettre la partie à une autrefois.

LE MARQUIS.

Je suis charmé du contre-tems, mon cher

Milord, car auffi-bien je n'aurois pas pû être des vôtres.

MILORD HOUZEY.

Moi, j'en fuis au defefpoir. Je compte pour perdus tous les momens que je n'ai pas le bonheur d'être avec vous. Vos converfations font autant de leçons pour moi ; plus je vous vois, & plus je fens la fuperiorité que vous avez fur nous.

LE MARQUIS *à part.*

Ce jeune homme eft affez poli pour un Anglois.

MILORD HOUZEY.

Enfeignez-moi de grace comment vous faites pour être fi aimable. C'eft un je ne fçai quoi qui nous manque, que je ne puis exprimer.

LE MARQUIS.

Et qu'il ne vous fera pas difficile d'attraper. Vos difcours, vos façons, vous diftinguent déja de vos compatriotes. Vous fçavez vivre, vous fentez votre bien, & vous avez l'air François.

MILORD HOUZEY.

J'ai l'air François. Ah Monfieur, vous ne

pouvez me dire rien dont je fois plus flatté.
C'est de tous les airs celui que j'ambitione le
plus.

LE MARQUIS.

Vous avez du goût, Milord, vous irez loin.
Vous avez de la figure, vous avez des graces.
Ce feroit un meurtre de les enfoüir, il faut
les développer, Monfieur, il faut les développer. La nature commence un joli homme,
mais c'est l'art qui l'acheve.

MILORD HOUZEY.

Et en quoi confifte précifément cet art ?

LE MARQUIS.

En des riens qui échappent, & qu'il faut faifir,
en des bagatelles qui font les agrémens. Un
coup de tefte, un air d'épaule, un gefte, un
fouris, un regard, une expreffion, une infle-
xion de voix, la façon de s'affeoir, de fe lever,
de tenir fon chapeau, de prendre du tabac, de
fe moucher, de cracher. Par exemple, permet-
tez-moi de vous dire que vous mettez votre
chapeau en garçon marchand. Regardez-moi.
C'est ainfi qu'on le porte à la Cour de France.
Oui comme cela.

MILORD HOUZEY.

Je ne l'oublierai pas, j'aime les airs, les
manieres, les façons.   C iij

LE MARQUIS.

Doucement , Monſieur , allons bride en
main. Ne confondons point, s'il vous plait,
les uns avec les autres. Les airs ſont diſtinguez
des manieres, & les manieres des façons. On
a des manieres, on fait des façons, on ſe donne
des airs. Un homme du monde, par exemple,
a des manieres (écoutez ceci, c'eſt la quinteſ-
ſence du ſçavoir vivre.) Un homme du monde
a des manieres par égard , par attention pour
les autres , pour leur marquer la conſidéra-
tion qu'il a pour eux , l'envie qu'il a de leur
plaire & de s'attirer leur bienveillance. Eſt-il
dans un Cercle ? il eſt toûjours attentif à ne
rien faire , à ne rien dire que d'obligeant ; il
prête poliment l'oreille à l'un, répond gracieu-
ſement à l'autre. Applaudit celui-ci d'un ſoû-
ris, fait agréablement la guerre à celui-là, dit
une douceur à la mere, & regarde tendrement
la fille. Vous fait-il un plaiſir ? la façon dont
il le fait , eſt cent fois audeſſus du plaiſir même : par exemple, s'il ſçait que vous avez beſoin d'une ſomme d'argent , il vous la gliſſe
doucement dans la poche ſans que vous y preniez garde ; de toutes les manieres cette derniere eſt la plus belle ; mais par malheur c'eſt
la moins uſitée. Vous refuſe-t'il quelque cho-
ſe , ce qui eſt plus ordinaire , il aſſaiſonne ce

C

refus de paroles ſi douces , & de tant de politeſſe, que vous croyez lui avoir encore obligation. Allez-vous voir ſa femme ? il s'échappe
adroitement, il vous laiſſe le champ libre. Et
voilà ce qu'on appelle un homme qui ſçait
vivre , un homme qui a des manieres.

MILORD HOUZEY.

Et un homme bon à connoître. Monſieur
le Marquis, & les façons ?

LE MARQUIS.

Un Provincial fait des façons par une politeſſe mal entenduë , par une ignorance des
uſages , & faute de connoître la Cour & la
Ville. Complimenteur éternel, il vous aſſom-
mera de ſa civilité mauſſade. Il vous eſtro-
pîra , pour vous témoigner combien il vous
eſtime, & fera aux coups de poing avec vous
pour vous obliger à prendre le haut du pavé,
ou vous jettera tout au travers d'une porte
pour vous faire paſſer le premier : on nomme
cela être poliment brutal , ou brutalement
poli. Ainſi ſouvenez-vous des façons pour
n'en jamais faire.

MILORD HOUZEY.

Je n'y manquerai pas.

SCENE XV.

MILORD CRAFF, LE MARQUIS, MILORD HOUZEY.

MILORD CRAFF *dans le fond du Theâtre.*

JE cherche par-tout mon fils, mais le voilà apparemment avec ce Marquis François ; asseyons-nous un peu pour écouter leur conversation.

MILORD HOUZEY.

Et les Airs ?

LE MARQUIS.

Un joli homme se donne des airs par complaisance pour lui-même, pour apprendre aux autres le cas qu'il fait de sa personne, pour les avertir qu'il a du mérite, qu'il en est tout penetré, qu'on y fasse attention. Est-il à la promenade ? il marche fierement la tête haute, les deux mains dans la ceinture, comme pour dire à ceux qui sont autour de lui, rangez-vous, Messieurs, regardez-moi passer, n'ai-je pas bon air ? Suis-je pas fait autour ? & vous, mes Dames les friponnes, qui me parcourez des yeux en soûriant, vous voudriez

me poſſeder, ~~vous voudriez me poſſeder.~~
Voit-il paſſer quelqu'un de ſa connoiſſance?
il affecte une politeſſe de Seigneur, il lui
fait une inclination de tête, comme s'il lui di-
ſoit, allez, bon jour, Monſieur, je me ſou-
viens de vous, je vous protege; Entre-t'il quelque part? il ſe précipite dans un fauteuil, une
jambe ſur l'autre, tappe du pied, marmote un
petit air, joue d'une main avec ſon jabot, & ſe
careſſe le menton de l'autre; il s'en conte à
lui-même, & ſemble ſe parler ainſi. En verité
je ſuis un fripon bien aimable, & voilà un vi-
ſage qui donne ſûrement de la tablature à la
Dame du Logis. Va-t'il voir une Bourgeoiſe?
eh, bon jour, ma petite Fanchonette, comment
te portes-tu? te voila jolie comme un petit An-
ge. Ca vîte, qu'on vienne s'aſſeoir près de
moi, qu'on me baiſe, qu'on me careſſe, qu'on
ôte ce gand, que je voye ce bras, que je le
mange, que je le croque; tu détournes la tête,
tu recules, tu rougis. Eh, fy donc, ma pauvre Enfant, tu ne ſçais pas vivre, eſt-ce qu'on
refuſe à un homme comme moi? eſt-ce qu'on
ſe fait prier? eſt-ce qu'on a de la pudeur
dans le monde?

MILORD HOUZEY.

Voilà une inſtruction dont je ferai mon
profit.

LE MARQUIS.

Tout ce que je vous dis là, paroît fat à bien
des gens, mais cela eſt neceſſaire : il faut s'af-
ficher ſoi-même, il faut ſe donner pour ce
qu'on vaut : il faut avoir le courage de dire
tout haut qu'on a de l'eſprit, du cœur, de la
naiſſance, de la figure. Le monde ne vous eſtime qu'autant que vous vous priſez vous-même ; & de toutes les mauvaiſes qualitez qu'un
homme peut avoir, je n'en connois pas de
pire que la modeſtie, elle étouffe le vrai mérite, elle l'enterre tout vivant. C'eſt l'effronterie, morbleu, c'eſt l'effronterie qui le met
au jour, qui le fait briller.

MILORD HOUZEY.

A preſent que je ſçai ce que c'eſt que les
airs, ah que je vais m'en donner, que je
vais m'en donner.

MILORD CRAFF,

Mon fils eſt dans de très-belles diſpoſitions,
& voilà un fort bel entretien.

MILORD HOUZEY.

Puiſque nous ſommes ſur ce chapitre, je
voudrois vous prier de m'apprendre quelles

font les qualitez qui entrent neceffairement dans la compofition d'un joli homme.

LE MARQUIS.

Il faut être né d'abord avec un grand fond de confiance & de bonne opinion de foi-même ; un heureux penchant à la raillerie & à la médifance, avec un goût dominant pour le plaifir, & même pour le libertinage, un amour extrême pour le changement & pour la coquetterie.

MILORD HOUZEY.

Oh, grace au Ciel, je fuis fourni de tout cela.

LE MARQUIS.

Mais pardeffus tout cela il faut avoir reçû de la nature les graces en partage, fans quoi les autres qualitez deviennent inutiles. De la liber-té, du goût, de l'enjouement, du badinage, de la legereté dans tout ce que vous faites ; cho-quez plutôt les bienféances que de manquer d'agrément. L'agrément eft avant tout, il fait tout paffer, & s'il falloit opter, j'aimerois cent fois mieux faire une impertinence avec grace, qu'une politeffe avec platitude. Des traits, de la vivacité, du joli, du brillant dans ce que vous dites ; ne vous embaraffez pas du bon fens, pour-vû que vous faffiez voir de l'efprit, on ne fait briller l'un qu'aux dépens de l'autre.

MILORD CRAFF *dans le fond du Theâtre.*

Quelle impertinence !

MILORD HOUZEY.

Il me paroît, Monsieur le Marquis, que vous oubliez deux qualitez importantes.

LE MARQUIS.

Lesquelles ?

MILORD HOUZEY.

Le don de mentir aisément, & le talent de jurer avec énergie.

LE MARQUIS.

Vous avez raison, rien n'orne plus un discours qu'un mensonge dit à propos, ou qu'un serment fait en tems & lieu.

MILORD HOUZEY.

C'est encore ce que je possede assez bien; surtout je jure fort joliment, & personne ne prononce mieux que moi, un Ventre bleu, un le Diable m'emporte, un la Peste m'étouffe.

MILORD CRAFF.

Ah ! le petit fripon.

LE MARQUIS

Eh, fy donc, Monfieur, ce font des fermens ufez, qui traînent par-tout ; il faut des fermens plus diftinguez, des fermens tout neufs. Je vous ferai prefent la premiere fois d'un Recueil d'imprécations & de fermens nouvellement inventez par un Capitaine de Dragons, revûs par un Officier de Marine, & augmentez par un Abbé Gafcon qui avoit perdu fon argent au tricfrac. C'eft un fort bon Livre, & qui vous inftruira.

MILORD CRAFF *fe levant brufquement.*

C'eft trop de patience, je n'y puis plus tenir.

MILORD HOUZEY.

Ah ! j'apperçois mon Pere. Je ne le croyois pas fi près.

MILORD CRAFF *d'un air ironique.*

Vous voulez bien, M. le Marquis, que je vous remercie des bonnes & folides inftructions que vous donnez à mon fils.
à Milord Houzey d'un ton fec.
Pour vous, Monfieur, je fuis bien aife de voir comme vous employez votre tems.

MILORD HOUZEY *d'un air embaraffé.*

Monfieur le Marquis.... a la bonté... de me former le goût.

LE MARQUIS *regardant Milord Craff.*

Ouy, ouy, Monſieur, je lui apprends des
choſes, dont vous ne feriez pas mal de profiter
vous-même

MILORD CRAFF, *à Milord Houzey.*

Allez, retirez-vous. Je vous donnerai tantôt d'autres leçons. *Milord Houzey s'en va.*

❖❖❖❖❖❖❖❖❖❖❖❖❖❖❖❖❖❖❖❖❖❖❖❖❖

SCENE XVI.

LE MARQUIS, MILORD CRAFF.

LE MARQUIS.

OH, parbleu, je vous défie de lui donner
dans toute votre vie, autant d'eſprit que
je viens de lui en donner en un quart d'heure
de tems.

MILORD CRAFF.

Avant que de vous répondre, je vous prie
de me dire ce que c'eſt que l'eſprit, & en quoi
vous le faites conſiſter.

LE MARQUIS.

L'eſprit eſt à l'égard de l'ame, ce que les
manieres ſont à l'égard du corps. Il en fait la
gentilleſſe & l'agrément, & je le fais conſiſter

à dire de jolies chofes fur des riens, à donner un tour brillant à la moindre bagatelle, un air de nouveauté aux chofes les plus communes.

MILORD CRAFF.

Si c'eft là avoir de l'efprit, nous n'en avons pas ici, nous nous piquons même de n'en pas avoir; mais fi vous entendez par efprit le bon fens.

LE MARQUIS.

Non, Monfieur, je ne fuis pas fi fot de confondre l'efprit avec le bon fens. Le bon fens n'eft autre chofe que ce fens commun qui court les rues, & qui eft de tous les Pays. Mais l'efprit ne vient qu'en France. C'eft, pour anfi dire, fon terroir; & nous en fourniffons tous les autres peuples de l'Europe. L'efprit ne fait que voltiger fur les matieres, il n'en prend que la fleur. C'eft lui qui fait un homme aimable, vif, leger, enjoüé, amufant, les délices des focietez; un beau parleur, un railleur agréable, & pour tout dire, un François. Le bon fens au contraire s'appefantit fur les matieres en croyant les approfondir, il traite tout méthodiquement, ennuyeufement. C'eft lui qui fait un homme lourd, pedant, melancolique, taciturne, ennuyeux, le fleau des compagnies, un moralifeur, un revecreux, en un mot un....

MILORD CRAFF.

Un Anglois, n'eft-ce pas ?

LE MARQUIS.

Par politeffe, je ne voulois pas trancher le mot, mais vous avez mis le doigt deffus.

MILORD CRAFF.

C'eft-à-dire, felon votre langage, qu'un Anglois eft un homme de bon fens qui n'a pas d'efprit.

LE MARQUIS.

Fort bien.

MILORD CRAFF.

Et qu'un François eft un homme d'efprit qui n'a pas le fens commun.

LE MARQUIS.

A merveille.

MILORD CRAFF.

Toute la nation Françoife vous doit un remercîment pour une fi belle définition. Mais puifque vous renoncez au bon fens, fçavez-vous bien, Monfieur, que je fuis en droit de vous refufer l'efprit.

LE MARQUIS.

Allez, Monfieur, vous vous moquez des gens. Pouvez-vous me refufer ce que je poffede, & que vous n'avez pas.

MILORD

MILORD CRAFF.

Je prétends vous prouver que l'esprit ne peut exister sans le bon sens.

LE MARQUIS.

Exister, exister ! voilà un mot qui sent furieusement l'Ecole.

MILORD CRAFF.

Quoique je sois homme de condition, je n'ai pas honte de parler comme un sçavant, & je vous soutiens que l'esprit n'est autre chose que le bon sens orné ; qu'ainsi.....

LE MARQUIS.

Ah ! vous m'allez pousser un argument.

MILORD CRAFF.

Je ferai plus, je vous démontrerai...

LE MARQUIS.

Non, Monsieur, on ne me démontre rien; on ne me persuade pas même.

MILORD CRAFF.

Quelque opiniâtre que vous soyez, je vous convaincrai par la force de mon raisonnement.....

LE MARQUIS.

Vous avez là un Diamant qui me paroît beau, & merveilleusement bien monté.

D

LE FRANCOIS A LONDRES,

MILORD CRAFF.

Ne voilà t'il pas mon homme d'esprit, qu'un rien distrait, qu'une niaiserie occupe, tandis qu'on agite une question serieuse.

LE MARQUIS.

Eh! Monsieur, ne voyez-vous pas que c'est une maniere adroite dont je me sers, pour vous avertir poliment de finir une dissertation qui me fatigue.

MILORD CRAFF.

C'est une chose étonnante que le bon sens vous soit à charge, & qu'il n'y ait que la bagatelle......

LE MARQUIS *chante.*

Sans l'amour & sans ses charmes
Tout languit dans l'Univers,

MILORD CRAFF.

Pour un garçon qui fait metier de politesse, c'est bien en manquer; & je suis bien bon de vouloir faire entendre raison à un Calotin.

LE MARQUIS.

Alte-là, Monsieur, quand on nous attaque par un trait, par un bon mot, nous tâchons d'y répondre par un autre; mais quand on va jusqu'à l'insulte, qu'on nous dit grossierement des injures, voicy notre réplique. *Il tire l'épée.*

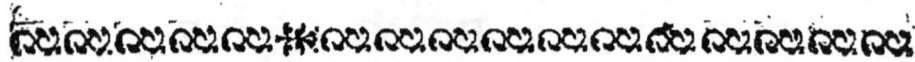

SCENE XVII.

LE MARQUIS, MILORD CRAFF, LE BARON.

LE BARON *saisissant l'épée du Marquis.*

Arrête, Marquis, apprens qu'à Londres, il est défendu de tirer l'épée.

LE MARQUIS.

Comment, morbleu, on m'ennuira, & je ne pourrai pas le témoigner ; ensuite on m'outragera, & il ne sera pas permis d'en tirer vengeance. Ah ! j'en aurai raison, fût-ce de toute la ville.

MILORD CRAFF.

J'ai besoin de tout mon phlegme pour contenir ma juste colere.

LE BARON *du Marquis.*

Modere ce transport. Tu n'es pas icy en France.

LE MARQUIS.

Je sors, car si je demeurois plus long tems, je ne serois pas mon maître. Adieu, Monsieur, de l'Angleterre, si vous avez du cœur, nous nous verrons hors la ville. *il sort.*

✱✱✱✱✱✱✱✱✱✱✱✱✱✱✱✱✱✱✱✱✱✱✱✱✱✱✱

SCENE XVIII.

LE BARON, MILORD CRAFF.

JE vous fais réparation pour lui, Monsieur, je vous prie d'excufer l'étourderie d'un jeune homme qui fort de fon Pays pour la premiere fois, & qui croit que toutes les mœurs doivent être françoifes.

MILORD CRAFF.

En verité, Monsieur, vous m'étonnez.

LE BARON.

D'où vient?

MILORD CRAFF.

Vous êtes François, & vous êtes raifonnable.

LE BARON.

Eh, Monsieur, pouvez-vous donner un préjugé fi peu digne d'un galant homme, tel que vous me paroiffez être, & décider de toute une Nation fur un étourdi comme celui que vous venez de voir. Croyez-moi, Monsieur, il eft en France des gens raifonnables autant qu'ailleurs, & s'il fe trouve parmi nous des impertinens, nous les regardons du même œil que vous, & nous fommes les premiers à connoître & à joüer leur ridicule. D'ailleurs c'eft un malheur que nous partageons avec les autres peuples. Chaque Nation a ſes travers, chaque Pays a ſes Originaux. Sortez donc, Monſieur, d'une erreur, qui vous fait tort à vous-même, & rendez-vous à la raiſon dont vous faites tant de cas.

MILORD CRAFF.

Ouy, Monſieur, je m'y rens. Je ſens combien cette raiſon eſt puiſſante ſur les eſprits, quand elle eſt accompagnée de politeſſe & d'agrément. Je vous demande votre amitié avec votre eſtime. Vous venez d'emporter toute la mienne.

LE BARON.

Ah! Monſieur, mon amitié vous eſt toute acquiſe. Souffrez que je vous embraſſe & que je vous témoigne la joie que je reſſens d'avoir conquis le cœur d'un Anglois, & d'un Anglois de votre merite. La victoire eſt trop flateuſe pour ne pas en faire gloire.

MILORD CRAFF.

Adieu, Monſieur, je ſors tout penetré de ce que vous m'avez dit. *Il ſort.*

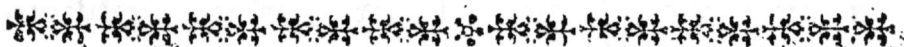

***

SCENE XIX.

LE BARON *ſeul.*

C'Eſt ainſi que les hommes ſe previennent les uns contre les autres ſans ſe connoître,

quelques raifonnables qu'ils foient, ils ne font
pas à l'abry des préjugez de l'éducation.

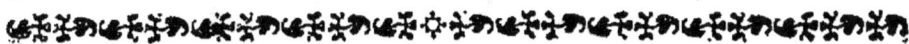

SCENE XX.
LE BARON, FINETTE.

FINETTE.

AH! Monfieur, fçavez-vous à qui vous
venez de parler là.

LE BARON.

A un très galant homme. C'eft tout ce que
j'en fçai.

FINETTE.

C'eft au Pere de ma maîtreffe.

LE BARON.

Au Pere d'Eliante! l'Avanture eft heureufe
pour moi,

FINETTE

Elle ne l'eft guere pour M. le Marquis. Il
vient fans le connoître d'avoir du bruit avec
lui, il m'a dit la chofe tout en colere, enfuite
il eft forty fans vouloir m'écouter. Il faut ju-
ftement que cela lui arrive dans le tems que
ma maîtreffe & moi nous avions fait revenir
Milord Craff de la mauvaife idée qu'on lui
avoit donnée de lui; qu'il étoit prêt de l'acce-
pter pour Gendre,

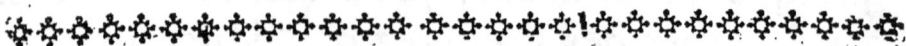

SCENE XXI.

LE BARON, ELIANTE, FINETTE.

LE BARON à *Eliante*.

EH bien ! Madame êtes-vous determinée ?

ELIANTE.

Ouy, à suivre en tout les volontez de mon Pere. Ainsi Monsieur, si vous voulez m'obtenir c'est à lui qu'il faut s'adresser.

LE BARON.

Madame, j'y vole.

SCENE XXII.

ELIANTE, FINETTE.

FINETTE.

QUe faites-vous, Madame?

ELIANTE.

Ce que je dois faire, après ce que je viens d'apprendre du Marquis, si je lui pardonnois, je serois indigne de l'amitié de mon Pere. Ce dernier trait vient de m'ouvrir les yeux, & me donne pour le Marquis tout le mépris qu'il merite.

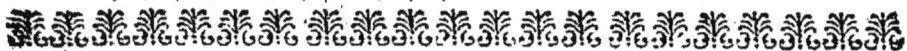

SCENE XXIII.

MILORD CRAFF, LE BARON, ROSBIF, ELIANTE, FINETTE.

MILORD CRAFF *au Baron & à Rosbif.*

Messieurs, je ne puis vous répondre qu'en présence de ma fille. Mais la voici.

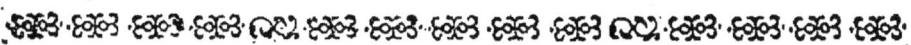

SCENE XXIV. & derniere.

MILORD CRAFF, LE BARON, LE MARQUIS, MILORD HOUZEY, ROSBIF, ELIANTE, FINETTE.

MILORD HOUZEY *tenant le Marquis par la main. A Milord Craff.*

Mon Pere, voilà M. le Marquis qui est au desespoir de ce qui s'est passé. Il est naturellement si poli. . . .

MILORD CRAFF.

Taisez-vous petit Coquin. Vous avez vous-même besoin de quelqu'un qui me parle pour vous.

LE MARQUIS *à Milord Craff.*

Monsieur, je n'avois pas l'honneur de vous connoître.

MILORD CRAFF.

Il fuffit, Monfieur ; j'excufe votre jeuneffe.
Je ne veux pas même gêner ma fille. Je me
contenterai de lui reprefenter....

ELIANTE.

Non, mon Pere, décidez vous-même. L'é-
poux que vous me donnerez fera toujours fûr
de me plaire.

LE MARQUIS, *parle bas à Eliante.*

Vous rifquez de me perdre, vous vous en
repentirez , Madame.

MILORD CRAFF à *Eliante.*

Comme je n'ai que trois jours à demeurer
ici, & qu'il faut abfolument vous marier avant
mon départ, je vais tâcher de faire un choix
digne de vous & de moi. Monfieur le Marquis
vous êtes un fort joli Cavalier.

LE MARQUIS.

Je le fçai, Monfieur.

MILORD CRAFF.

Mais vous faites trop peu de cas de la raifon,&
c'eft la chofe dont on a plus de befoin dans un

état auſſi ſerieux que celui du mariage.

à Jacques Rosbif.

Pour vous, Monſieur, vous avez un fond de raiſon admirable, mais vous negligez trop la politeſſe, & elle eſt neceſſaire pour rendre un Mariage heureux, puiſqu'elle conſiſte en ces égards mutuels, qui contribuent le plus au contentement de deux Epoux. Vous ne trouverez donc pas mauvais, Meſſieurs, que je vous prefere Monſieur le Baron, qui réunit l'un & l'autre. Il a tout ce qu'il faut pour faire le bonheur de ma fille.

LE BARON *à Milord Craff.*

C'eſt vous, Monſieur, qui faites le mien; mais il ne peut être parfait, ſi le cœur de Madame n'eſt d'accord avec vos bontez.

ELIANTE.

N'en doutez point, Monſieur, puiſque mon Pere me donne pour Epoux l'homme du mon. que j'eſtime le plus.

LE MARQUIS.

Adieu, Madame, vous êtes plus punie que moi. Vous m'aimez & je pars. *Il s'en va.*

MILORD HOUZEY.

Nous partons. Je vais faire mon cours de politeſſe en France. *Il ſort.*

ROSBIF à *Milord Craff*.

Adieu, je vous pardonne de m'avoir refusé.
Ce François là merite d'être Anglois, vous ne
pouviez pas mieux choisir.   *Il se retire.*

LE BARON à *Milord Craff*.

Vous venez, Monsieur, de me convaincre
que rien n'est au-dessus d'un Anglois poly.

MILORD CRAFF.

Et vous m'avez fait connoitre, Monsieur,
que rien n'approche d'un François raisonnable.

❖❖❖❖❖❖❖❖❖❖❖❖❖❖❖❖❖❖❖❖❖❖❖❖❖❖

APPROBATION.

J'Ai lû par l'ordre de Monseigneur le Garde des
Sceaux *Le François à Londres, Comedie.* Le Public en a vû les representations avec plaisir, & je
crois qu'il en recevra favorablement l'impression.
Fait à Paris ce 4. Août 1727.

DANCHET.

Privilege du Roy.

LOUIS PAR LA GRACE DE DIEU ROY DE FRANCE
ET DE NAVARRE, A nos Amez & Féaux Conseillers, les
Gens tenans nos Cours de parlement, Maître des Requêtes ordinaire de
nôtre Hôtel, grand Conseil, prevôt de Paris, Baillifs, Sénéchaux,
leurs Lieutenans Civils & autres nos Justiciers qu'il appartiendra,
SALUT, Nôtre bien Amé JEAN BOUDOT Libraire à Paris; Nous
ayant fait supplier de lui accorder nos Lettres de permission pour l'impression d'un Ouvrage qui a pour Titre, *Le François à Londres,*
Comedie; offrant pour cet effet de le faire imprimer en bon papier &
beaux caracteres, suivant la feuille imprimée & attachée pour modele

Tous le contrefcel desprefentes, Nous lui avons permis & permettons par ces préfentes de faire imprimer ledit Ouvrage cy-deffus fpecifié, conjointement ou féparément, & autant de fois que bon lui femblera, fur papier & caracteres conformes à ladite feuille imprimée & attachée fous nôtredit contrefcel, & de le vendre, faire vendre & débiter par tout nôtre Royaume pendant le tems de trois années confécutives, à compter du jour de la datte defdites préfentes; FAISONS défenfes à tous Libraires Imprimeurs & autres perfonnes, de quelque qualité & condition quelles foient, d'en introduire d'impreffion étrangere dans aucun lieu de nôtre obéïffance; à la charge que ces préfentes feront enregiftrées tout au long fur le Regiftre de la Communauté des Libraires & Imprimeurs de Paris, dans trois mois de la datte d'icelle; que l'impreffion de ce Livre fera faite dans nôtre Royaume & non ailleurs; & que l'Impetrant fe conformera en tout aux Reglemens de la Librairie, & notamment à celui du dixiéme Avril mil fept cent vingt cinq; & qu'avant que de l'expofer en vente le manufcrit ou imprimé qui aura fervi de copie à l'impreffion dudit Livre fera remis dans le même état où l'approbation y aura été donnée ès mains de nôtre très cher & féal Chevalier Garde des Sceaux de France, le Sieur Chauvelin, & qu'il en fera enfuite remis deux exemplaires dans nôtre Bibliotheque publique, un dans celle de nôtre Château du Louvre, & un dans celle de notredit très cher & féal Chevalier Garde des Sceaux de France, le Sieur Chauvelin; le tout à peine de nullité des Préfentes: du contenu defquelles vous mandons & enjoignons de faire joüir l'expofant ou fes ayans caufes pleinement & paifiblement, fans fouffrir qu'il leur foit fait aucun trouble ou empêchement. VOULONS qu'à la copie defdites Préfentes qui fera imprimée tout au long au commencement ou à la fin dudit Livre, foy foit ajoûtée comme à l'Original: COMMANDONS au premier nôtre Huiffier ou Sergent, de faire pour l'execution d'icelles, tous actes requis & neceffaires, fans demander autre permiffion, & nonobftant clameur de Haro, Charte Normande, & lettres à ce contraires. CAR tel eft nôtre plaifir. DONNE' à Paris le onziéme jour du mois de Septembre, l'an de grace mil fept cent vingt fept, & de nôtre regne le treizieme. Par le Roy en fon Confeil.

DE St. HILAIRE.

J'ay fait part aux Sieurs BARBOU au préfent Privilege, à Paris ce quatorziéme Septembre mil fept cent vingt fept.

BOUDOT.

Regiftré enfemble la Ceffion fur le Regiftre VI. de la Chambre Royale des Libraires & Imprimeurs de Paris, N° 693. fol. 560. conformément aux anciens Reglemens confirmés par celui du 28. Février 1723. à Paris le feize Septembre mil fept cent vingt fept.

BRUNET, Syndic.